JN410550

Kim Il-Tae

시인 김일태

부처고기

김일태 시집

부처고기

시학
Poetics

■ 시인의 말

생의 전환기를 맞는다.
그동안 수고했다고
빈말로라도 칭찬해 주고 싶은데
참 계면쩍다.
갈고 닦은 재주 또한 부족한 탓에
글맛도 밍밍하다.
나라는 빈껍데기가 이리 충만하도록
사랑을 채워 준 많은 이들이
새삼 고맙다.

2015년 9월
김일태

차 례

제1부 둥글어진다는 것

제2부 가야할 길

제3부 입동 무렵

제4부 봄, 저 역설

제1부
둥글어진다는 것

수련睡蓮, 수련修鍊

신이 잠을 훔쳐 가 버리면 요정이 될까
별을 사랑하면 우주인이 될까
하던 때 있었지요

아침 햇살 받으며 피었다가
저녁노을 더불어 잠들 수 있다면
요즘은 더러 이런 생각하지요

하늘의 마음 편히 받아들이려
아무 무게 느끼지 못할 세상의 부력 끝에
나를 활짝 펴두고
물에 섞이지 않고 햇살도 거부하며
몸의 수로水路 열고 바람에 조응하고 싶지요

하늘과 물의 경계를 지우는
그 은밀한 내통으로 환하게 나를 피웠다가
새로운 인연의 씨앗 몇
촘촘히 내 놓고 싶기도 하지요

아니 화엄華嚴

딱 딱 따글 딱 딱 따글
절집에서 올리는
아침 공양

따그르르 따그르르
숲에서
착하게 대꾸하는
오색딱따구리 소리

스님의 머리에는 딱따구리 소리
딱따구리 머리에는 스님의 목탁 소리

선문선답 주고받는 희방사* 계곡은
푸르고 아늑한 해인海印

산을 섬으로 띄우는
절절한 화음和音

---

* 희방사 : 경북 영주 소백산 중턱에 자리한 사찰.

상큼한 대학大學

산다는 건 모름지기 기다리는 거다
아니다, 버리는 거다

『대학大學』에 맛 들였다는 친구와
말싸움 벌이다 돌아온 날 저녁상에
아내가 아삭한 봄동 무침 한 접시를 올린다

나를 버려야 너를 벌 수 있다는 가르침 꿰뚫으며
산다는 것은 이렇게 다른 것끼리 화해하는 것이라는 듯
버림과 무림茂林*을 한꺼번에 아우른
수북한 버무림 경전 한 상

---

* 무림茂林 : 숲이 우거지면 자연히 새들이 모여들어 놀게 된다는 『대학』의 한 구절.

관통貫通

통도사 불이문不二門* 지나자
길이 지워졌다
열린 적도 닫힌 적도 없다는
문

있는 듯 없는 길이 인생이라고
대웅전 앞뜰 현수막
아함경 설說하며 펄럭였다

영각 앞뜰에서
우수와 경칩 사이 지나고 있는
홍매화 청매화 필 둥 말 둥
가지 끝에 붉은 눈물 푸른 눈물
머금고 있었다

절집 가로지르는 영축산 계곡물
동안거 풀지 않은 스님같이

오목오목 새긴 데 또 새기며
깊어지고 있었다

---

* 불이문不二門 : 부처의 세계와 세속의 세계가 둘이 아니라 하나라는 의미의 문.

이유 있는 항변

깨알만 하다 비웃지 마라
뻗은 몸 펼친 날개 이목구비 완벽하다
손사래 치지 마라
타락하지 않은 세상 물여우* 학배기**랑
천 날을 물 동무하며
스무 번의 업業 자성自性으로 벗고 또 벗으며
정갈히 오늘을 기다려 왔다
누가 고등高等하고 영장靈長하단 말인가
너나 나나 뿌리는 원래 하나
오래 산다는 게 어찌 축복이란 말인가
이르노니 고래古來로 몸 키운 족속들은
모두 일찍 사라졌다
몸을 접고 줄이고 바꾸는 요령으로 열대기 빙하기도 거뜬히 건너며
수억 년 세월 수천의 모습으로 너른 터 잡아 이 세상 만이로
우리는 당당히 살아가고 있다

생의 마지막 날
가장 처절하고 화려한 단 한 번의 사랑을 위해
먹지 않고 모든 것 비우고 버리는 것이다
너에게 항변한다
하루살이가 하루만 살다 간다 모질게 말하지 마라
매미에게도 칠 년 굼벵이 적 삶이 있고
백 년 생이라 한들 모든 하루하루가 생의 마지막 날이며
하루라도 자유로운 영혼으로 살다 가는 이 몇이더냐
내 마지막 하루의 삶만 보고 허망하다 말한다면
이 세상 하루살이 아닌 삶이 어디 있으랴

---

* 물여우 : 날도래 유충.
** 학배기 : 2급수 이상 맑은 물에 서식하는 실잠자리 유충.

주름조개풀*

바코드처럼
잎 가장자리에 촘촘히 내장해 놓은
빛나는 이력

이렇게 비비대도 서로에게 아무런 상처 주지 않는다면
손가락질 않고 낮추어 기댈 수 있다면
어느 누구랑 몇 겁인들 함께 건너지 못하랴

눅눅하거나 수더분하게 비치건 말건
가녀린 바람 한 줄기에도 꾸불꾸불 파상으로 부풀며
서로 작은 소리로 말동무 할 수 있다면
세상살이 무슨 시련 무섭고 힘겨울 수 있으랴

너의 곡진 역사 두어 줄만 읽어 보아도 알리라
진화 앞에 모든 삶 얼마나 평등한지를

생이 주름 잡혀 착해진 눈으로
무릎 꿇어 엎드리고 고개 숙여야
비로소 보이는
낮게 낮게 수천 수억 년 세월 건너온
저 어른 풀

* 주름조개풀 : 산지의 그늘진 곳이나 냇가 주변에 군락을 이루고, 땅을 기듯이 줄기가 자라며, 파상 주름의 잎을 달고 있는 벼과의 다년생 초본.

동백, 그 직유

내 생의 가을날 홀연히 털고 떠난 줄 알았던
팔색조 같은 내 사랑
계사년 이른 봄, 우연히
거제 학동 동백나무 숲에서 보았네

갈매기 소리 반짝이는 동백잎 사이사이
첫 경험의 기억같이 짭조름히 가슴 설레며
부끄러이 숨어 있었네
내 사랑 절정은 아직 오지 않았다며
겹눈으로 간절히 바닷바람 읽고 있었네

바닷가 몽돌처럼 입 안에서만 구르던
그 붉은 사랑
말려 있는 혀로 당장은 증명하지 못할지언정
시들지 않으려 해맑게 경계하고 있었네

절정의 순간, 온몸 활짝 열어 얻은 최후가

반어와 은유로 시들지 않고 아무런 욕심 없이
저 바다로 내려온 노자산 그늘 속으로 간결하게
툭, 던져질 수 있다는 확신이 서는 한
내 사랑은 분명 직유라 말할 수 있겠네

어머니 보리菩提

열 살 땐가 어머니와 둘이서 보리밭 매다가
밭둑가 소나무 그늘에서 점심 먹는데
무심결에 발을 타고 오르는 개미 한 마리
손으로 툭 털어 발로 밟았다

어머니는 낭패한 표정으로 손사래 치시며
큰아야 그라지 마라
그라마 개미들이 더 달라든다 잘 봐라
하시며 개미 한 마리를 집어 오므린 손바닥 가운데 놓고
탁탁 두어 번 손뼉으로 혼내 놓고는
땅에 조심스레 놓아주셨다

그라마 야가 저그 친구들한테 가서
그게 가마 큰일난다꼬 가지 마라 안 카겠나
마 죽이뻬리마 다른 아들이 우애 알겠노
하셨다

손뼉 소리에 놀라 겁먹은 개미보다
내 마음이 더 먹먹하였다

우중간

나는 우중간이야
반공 무슨 조직 활동한 아버지 전력 두고 가계 들먹일 건 아냐
그 시기 대학 다녔다고 해서 십이륙이니 오일팔 세대라고 싸잡아서
나를 무슨 민주시대 주역쯤으로 보는 것만큼이나 우스운 일이니까

혁명이나 순수 같은 말이 늘 부담스러워
일등보다 남만큼은 하라는 아버지가 좋았어
맺집이 좋지 못해 다투는 게 싫었거든
모나게 살지 말라는 어머니 말씀도 좋았어

축구할 때 늘 우중간 수비수를 맡았어
박지성이 뛰는 우중간이 활발할 때 경기를 이겼기 때문만은 아니야
왼발보다 오른발 쓰기가 조금 편했을 뿐이야

좀 덜 뛰어도 공수에 표 나지 않는 것도 약간은 이유가 될 수 있어

축구처럼 세상살이에서도 나랑 실랑이 벌이는 놈들은
이념에 별로 물들지 않은 좌중간 공격수들이야
나처럼 책임감 없이 허풍스럽게 축구공 차듯
빵빵 말만 내지르는 놈들이라 서로 사생결단하지 않지

가끔 어머니를 생각할 때마다 나는
우중간이 아니라 어정잡이인가 생각해 본 적 있어
그럴 때마다 세상살이 약간 오버래핑하여 공격도 해 보고
뒤로 물러서서 골문 근처 최종 수비를 해 봤지만
나는 우중간이 편하고 좋아

그런 어중간한 나의 위치 때문에

결혼 전에는 아버지 어머니가, 두 분 가시고 난 후로는
내 아내가 공격과 최종 수비를 맡고 있지

신기루

수없이 다녀와서도
잘 알 수 없는

4기가바이트 스마트폰에 저장되어 있는
칠백여든아홉 곳

사람이라는
단골 여행지

왜가리

세상살이 궁금한 게 한둘이더냐
모든 변화는 물음에서 비롯되는 거지

나무가 제 몸 뒤틀고
마디 많은 풀 엎드려 기듯
꼬부라진 것들이 세상을 진화시키는 법

사랑이라는 것도 알고 보면
서로 궁금하여 기웃거리는 것 아니던가

먹이를 쫓아
수없이 발로 헤고 헛자맥질하는 것들 향한
저 진중한 자태를 보라

결가부좌 틀고 그림자 물에 풀면서
수담手談* 한 판 두듯
유유자적 흐름을 사유한 끝에 얻은 지혜로

단번에 먹이를 낚아채는 저 유연함을 보라

가을과 겨울의 행간을 건너는
저 유려한 활강이야 말로
한 편 절창의 시詩가 아니냐

---

* 수담 : 바둑.

중년을 보다

싸울 상대가 보인다는 것은
선수가 되었다는 증거다

두 발 들고 항복하는 것처럼
엄살떠는 과장도 필요하다

최후의 항전처럼
작은 일에도
독거품 뻐끔뻐끔 물어야 한다

전진 후퇴 전법은 고전적인 것
좌우로 밟는 노련한 발놀림으로
이념도 유연하게 건너야 한다

들어와 덤빌 테면 덤비라고
기권은 없다고
바닥에 내동댕이쳐지더라도

두려움은 나를 지키는 호위무사라고 내질러야 한다

함부로 건들면 같이 죽는 수 있다고
두 주먹으로 가슴 치며 파이팅 외치는
인파이터 복서 같은
게 같은 중년中年

적소謫所를 돌아 나오다

다음 생의 내가 숨겨져 있다 해서
이생의 나와 만나면 어떨까 궁금해서
청곡사* 찾았지요

칠백 년 전 왕녀의 그림자 드리워진 일주문 앞
어느 생에선가 스쳤을 곤줄박이 마중 나와 있다가
포롱포롱 절집에 이르러 날아갔지요

전생을 기억 못 하는 이생
이생을 기억 못 할 내생
이 다행한 부조리를 짊어지고
학인 듯 방학교訪鶴橋 돌다리 건너갔지요

대웅전 빙 돌아
열의 저승왕들 지키는 업경전** 더듬어 가다가
바깥 기척 살피는
금강역사 장난기 가득한 시선과 마주치는 순간
생각 바꾸어 발길 돌렸지요

이생과 업경에 비친 내생의 다르지 않은 얼굴끼리
안고 쓰다듬어 줄 것 같지 않은
절명의 두려움 문득 들었지요

내생의 나를 두고 타인처럼 돌아오는 길
적막 우두커니 고인 학영지***에 얼굴 비춰 봤지요
여러 모양의 내가 포개지고 축약되어
꿈꾸었던 모습과 많이 다른
이생의 모든 과거 품은 허상이 설화처럼 일렁거리며
수면에 답을 알 수 없는 물음을 만들어냈지요

---

* 청곡사 : 진주시 금산면 갈전리 월아산 자락에 자리한 신라시대 창건 고찰.

** 업경전 : 중생들이 생전에 쌓은 업을 사후에 심판하는 10명의 명부상을 모신 전각. 명부전, 지장전이라고도 하며 내생의 모습을 비춰볼 수 있다는 입경 등 유물을 소상하고 있음.

*** 학영지 : 조선 태조 왕비 신덕왕후와 얽힌 전설이 깃들어 있는, 학의 그림자를 비춘다는 뜻의 아름다운 산중 호수.

문門을 문問으로 열었다

갑자기 먹먹했다
털고 후벼도 소용없었다
싹싹, 비질 같고 물결 같은 소리 들렸다
외부를 차단한 채
쓸고 있는지 씻고 닦고 있는지
쓰다듬고 두드려도 굳건히 닫힌 문 열리지 않았다

의사도 원인을 알 수 없다며
돌발성 난청이라는 변명 같은 병명 들이댔다
TV 책 영화 다 끊고 절대안정해도
확률이 반반이라 했다

여린 촉각으로 안팎 소통시키던 달팽이 쫓아내고
소라게 같은 달팽이 귀신 빈 관에 들어
패악질하는지

달팽이 귀신 머릿속까지 비울까 봐

이불 덮고 누워서도
겁으로 뾰족해진 짐작으로
싹싹 빌며 닫힌 문 두드리며
하나하나 따져 물었다

가시 돋친 말로 얼마나 많이 찔렀느냐고
어쭙잖은 말로 남 속이고 나 속였느냐고
모든 걸 토해 내듯 입증과 자성 끝에
닷새 동안 요지부동이던 문이
닫힐 때처럼 기척도 없이 열렸다

귀가 먹는다는 것은
귀가 나를 먹고 내가 귀를 먹는다는 것
맨살로 지고 가는 힘겨운 속엣소리 외면하고
꼬불한 바깥 소리 강요하다 보면
귀도 귀신을 불러들여
스스로 걸어 잠근다는 걸 알았다

우울증

싹일 때는 달개비나 바랭이 민들레같이
마음밭에 그냥 돋은
두고 볼 만한 예쁜 잡풀 같은 것이지요

오래지 않아 곁에 것들 직립을 위해 마디 짓는 사이
녀석은 넝쿨로 욕심을 낮게 위장하며
표 나지 않게 세력을 키우지요

그러려니 방치하는 틈새를 노려 녀석은
곁에 것들 타고 올라 덮고 누르며
포악성을 본격적으로 드러내지요

녀석이 건잡을 수 없는 힘으로 살기와 독가시를 뻗어 가는 동안
공포에 짓눌린 여린 것들은 녀석의 마법 속에서
분노와 좌절마저 잃어 가지요

줄기가 또 다른 줄기 여럿 만들어 내듯
욕망은 또 다른 욕망 권력은 또 다른 권력을 낳아
나중에는 혁명의 의지마저 꺾이게 되지요

뿌리를 뽑지 않고 대충 걷어 내다 관두면 더욱더 기세등등해지는
이른 시기에 강한 힘으로 뽑지 않고 가만 놔두면
자가발전해서 영토의 모든 생을 질식시키는
우울이라는 가시넝쿨

몸 안의 호위무사

마음 기억보다 몸 기억이 더 선명하다는 걸
예순이 가까워지면서 알았다

암이랑 돌발성 난청으로
내 몸 파산 직전
밤새 사막의 가시 같은 각 세워
뜬눈으로 불침번 서던
나 속에 다른 내가 있었다

노동의 도구에서 자본이 되기까지
이 몸뚱이가
모든 죄악에서 숭배의 대상이 되기까지
마음 수행보다 몸 수행이 중요한 이 시대를 증언하는

내 몸속에 숨어 있다 어려울 때 나타나는
낯이 익고도 선 촉수

나와 관계없이
몸 곳곳에 붙은 차압딱지 떼어 내며 나를 구명하는
타협 없이 우직하고 충성스런
자율신경계라는 밀사조직

녹슨 관계 푸는 법

녹슨 나사같이 해묵은 갈등
섣불리 억지로 풀려 들면 나사처럼
대가리만 부러져
영원히 풀 길 없어지고 말지

사람이나 나사나 주위를 조심조심 두드려
덮혀 있는 오해의 녹 털어 내는 일이 먼저지
잘 못 채워진 본질 드러나면
그다음 기름칠이지

기름은 깊이 스며들도록 듬뿍 먹여야 하지
나사는 정확히 조일 때의 역방향으로, 이때
힘 조절이 필요하지

푼다는 것은
바꾸어 다시 단단히 엮는다는 역설
모든 탈의 복구가 역순이듯이

이긴다는 것은
작은 물러남으로부터 비롯된다는 것을 알 때
녹슨 관계
비로소 풀리지

둥글어진다는 것

둥글다는 것은 세월의 상형
무뎌 가는 요령으로 오랜 시간 건너온
냇가의 몽돌을 보라

서로 겨냥할 때는 상처 주다가도
쉬이 얽혀 벽 만들고 울타리도 짓는 모난 것들
철없다 치부하며
동글동글 독거獨居를 채비한 저 둥근 것들

세상의 모든 진화는 독毒으로부터 시작된다며
언제까지나 최상일 것만 같아 각 세웠던
젊었을 적

누구에게나 막무가내로 겨누었던 날 뭉그러지고
적막으로 두루뭉수리 해져 가는
예정된 이 행로

오지 않을 누구 마냥 기다리는 일같이
추억 몇 가닥 쥐고 과묵하게 낡아 가는 것
둥글어진다는 것은
스스로 자신 있게 외로워진다는 것

백지白紙, 백지*

백지를 앞에 놓고
지나온 나를 요약해 보려는데
온통 썼다 지운 날들뿐

다시 지우더라도 몇 말 남기고 싶은데
써 놓고는 또다시 민달팽이 같은 혀로
핥아 지워야 할 것 같아

안주 없는 소주 판 같은
내가 나로 인해
쓸쓸해지는 늦은 봄날

정년퇴직 앞두고
나이 예순 앞두고
백지, 쓸쓸하다

* 백지 : '괜히' 의 경상도 사투리.

제2부

가야할 길

개상사처럼

내가 나를 위해 진다는 것은
기도 앞에 낮아지듯
내가 나에게 용서받는 일

내가 나를 벗고
자유로이 여행 떠나는 일

몸이 무거워질 대로 무거워져야
나비가 되는 애벌레처럼

지는 잎의 간절한 원으로
꽃대 밀어 올리는 개상사처럼

나의 한 생生 꿈이 될 수 있다면
절정의 고독
그 속에 진들 어떠라

노란 상사相思

껍질 털어 내고 뿌리 다듬어
밤새 물에 담가 두었던 콩나물

초롱초롱 외눈알 볼록하게 뜨고
직립의 자세로
올려다보고 있다

뿌리 없이 몸을 세워 누굴 기다릴 수 있다니
콩나물 담은 양재기 곁에서 문득 만나는
내 안의 그대

뿌리 내릴 길 없어도
또렷또렷 고개 드는
그리운 이의 이름
밤새 불러 본 적 있었지, 한때

꽃잎 지는 소리도 귀엣말처럼 들려

잠 깨던 밤
그대 향한 일념 곧추세워
길게 뻗친 삶의 퇴로 자르고
속 깊이 들어가고 싶은 때 있었지

그대와 나의 그릇 안에 소복이 담겨
데쳐지는
촘촘한 날들

아삭하고 고소하게 버무려져
그대 앞에 다시 차려질 수 있다면
영혼까지 말갛게 씻고 가슴 설레며 기다리고 싶어지는
몽당해진 내 사랑

닿을 길 지워진 가난한 사랑
빤히 올려다보면서 내게 들어와 뿌리내리는
오래된 상처들

성에꽃

어쩌자고 그대는
내 그리움 바깥에만 머무시는지
그 험한 은하 몇 광년 달려와
내 잠든 침실 창문이나 두드리다 가셨는지

나 떠난 뒤
태을성 어느 외진 소행성에 머문다는 소식만
밤마다 풍문으로 들리더니
어쩌자고 이제야 겨우 찾아와서는
밤새 창밖에서 안을 향해 애를 피우다
햇살의 훼방으로 올 때처럼 희미하게 가셨는지

이불 속 같은 이 적막에다
한 번도 기억나지 않는 만남의 모습으로
짭조름히 돋을새김 해 놓은

발목 세워

그대 다녀가신 표식 위에 입술 포개 보면
시리게 낙화하는
해 질 녘 잔광처럼 세상에서 가장 짧게 피었다 지는
내 사랑꽃

무화과 같은

꼭지라는 작은 이름 가진 한 여자가 있네
잎으로 열매 가리듯
주민등록 이름 뒤에 저를 슬쩍 숨기고
어린아이 살 솜털 같은 촉수로
까칠하게 세상을 경계하는

며느리 본 나이인데도
아직 가슴에 푸른 생각 담고 있다 우기며
꽉 끼는 청바지 면 티셔츠 입고
공영자전거 자주 타는 한 여자가 있네

열매를 다 익혔으면 꼭지가 헐렁해질 만도 한데
씨앗 오돌오돌 속에 품고
슬쩍슬쩍 주홍빛 꽃물 드는
아직 여자인 한 여자

이 나이에 남편 구박 안 하고

잘 챙겨 주는 여자 어디 있냐며
지아비를 가지인 양 꼭지로 꽉 붙들고 있는
주먹만 한 여자가 있네

가야 할 길
— 명예퇴직 · 1

도심
가로등이
제 발을 보고 있다

고개 숙여
물끄러미

자동차 소리 드물게 왔다 가고
물소리도 잠잠하고
바람마저 얼씬 않는
늦은 저녁

그 곁에

사내 하나
목을 빼고
제 발을 내려다보고 있다

천사의 날개
— 명예퇴직 · 2

새가 되려 하고 있다 아내는
삼십오 년 달고 다니던
보이지 않는 날개를 떼려 하고 있다
키위새 같은 게 무슨 천사냐며
한 번이라도 제대로 날아 보겠다던 희망을 접겠단다

몇 번의 고비 때마다
새 됐다
우스갯소리로 내색하던 아내가
진짜 새가 되고 싶어 하는 것이다

날개가 꼭 나는 데만 쓰이느냐며
둥지 속 아프고 시린 상처 덮고 보듬는
그런 날개 단 새 되는 게 낫지 않겠느냐며
겨울 나러 새끼들 거느리고 찾아든
우포늪 흰뺨검둥오리 소리로
아내는 말했다

부부싸움
— 명예퇴직 · 3

직장생활 마무리를 앞두고
연금 문제로 예민해진 아내가 뜬금없이 띄우는
황망한 섬 하나

당신 딴생각 먹고 있는 거 아냐?
거리감 느껴져

조목조목 설명해도
짐작만으로 함부로 싣고 가
문득 부려 놓는
실제보다 커 보이는
황망한 맹지盲地*

다시 타고 나올 배편 없이는
꼼짝 없이 고립될 수 있는
언젠가 오래 그리될까 두렵기도 한

아마도, 라는 적막한 섬

---

* 맹지 : 길이 없는 눈먼 땅.

나뭇잎점
— 명예퇴직 · 4

벽오동나무가 벤치 곁에 서서
잎점을 친다

한 잎
한 잎
한다
안 한다

어릴 적 시장 가신 어머니 기다리며
사 온다 안 사 온다
아까시 잎 떼며 잎점 치듯이

한다
안 한다
한다 안 한다 한다안한다한다안한다한다안한다

해는 져 가는데

벽오동 나뭇잎 다 져 가는데
아무런 결말 없는

부처고기 같은

어미 하나 있었네
맛없이 살다 간

제 속에 여섯 새끼 꽁꽁 품어
혼자 살아갈 만치 키워 세상 내보내고는
휘휘 제 세상 한번 헤엄쳐 둘러보지도 못 하고

홀쭉해진 한 생 막바지 뜬눈으로 돌보던
새끼 하나 먼저 보내고
못 진 가슴 기진맥진하다가
괭이갈매기 새끼 먹이로 물려 간 망상어*같이
저승으로 선뜻 채여 간
어미 하나 있었네

자식새끼 얼러 키운다고
망치 맹치 같은 별호로 불려도
붕어 같은 작은 입 앙다물고

하나도 부끄럽지 않았던

떠난 뒤에야 자식들 가슴에
별로 살아난
어미 하나 있었네

---

* 망상어 : 배 안에 10마리 정도의 새끼를 키워서 낳는, 민물의 붕어같이 생긴 완전 태생어류. 힘겹게 새끼를 낳은 뒤 홀쭉해진 배로 기진맥진 바다 위를 허우적대면 괭이갈매기가 덥석 물어 제 새끼에게 가져다 먹이는 광경을 보고 난산을 우려하여 임산부에게는 잘 먹이지 않는 풍습이 있으며, 망치 또는 맹치라고도 부르고 그 희생정신을 높이 사 하늘의 별 같은 고기라 하여 망성어, 부처고기로도 불림.

속엣말

뻔해 보이는 말 꼭 해야 하나 싶은데
아내가 오늘도 묻는다
사랑하느냐고
겉말로 하는 게 아니고 속엣말로
느낌으로 주고받는 거라 해도
어색해서 끝내 하지 않을 줄 알면서도
팔이나 손가락으로 하트라도 한번 날려 보라고
아내는 재촉한다
사랑한다는 말은 결혼하기 전 딱 한 번 하는 거라고
마음 바뀌지 않았는데 의심이라도 하는 것처럼 그러느냐고
꽃에도 그리 설레지 않고
몸도 맞대면 내 살처럼 느껴지는 이 나이에
뭐하러 자꾸 하냐고
티격태격 말싸움하게 만드는
말로 글로 쓸 수 없어
이생 맨 나중의 말로 남겨 놓고 싶은데

늘 남들이 쓰다 버린 말로
헤프게 써야 되는
사랑이라는

키위새의 꿈

발 묶고 있는 이 그림자 떼고
무욕의 공간을 나는
따뜻한 꿈 꾸고 싶네

막막할 지라도
날지 않으면 길을 잃는 법*
마지막 한 음절 마무리 짓지 못하고
펜촉 끝에서 떨고 있는 서정처럼
눈빛 벼리고 싶네

수리의 심장으로
자잘한 마음까지 읽으며 유유자적하다가
입속처럼 붉은 사랑
뜨겁게 낚아채 보고 싶네

어쩔 수 없이 절망 하나 안게 될지라도
하루를 끝낸 뒤

떠난 사랑 어르듯 부리를 가슴에 묻고
긴 밤 외로이 건너고 싶네
헛것에 매달려 함부로 흘리는 눈물 없이

* 파블로 네루다의 시 「비상」에서 차용.

영정사진

자슥은 평생 원수라 캤는데
가만 보이 그것도 아인갑지예
가신 지 십 년 지난 우리 엄마
아직 그카고 있네예

좋은 일 끝에도 울고집을 때도
속이 디비질 거 거튼 때도
엄마, 뭐 그리 좋아 맨날 이쌓는교?*

쳐다보마 애썰 듯도 한데
고마 속이 물러 터질 것도 겉은데
내 꼴이 기가 멕혀 그라는지

참말로 뱅원에서 그리 고상하다 가싯는데 인자
엄마, 맴 핀케 해드리고 집은데
사진가꾸**에서 떼 내삐리지도 몬하고 우짜지예?
고마 좀 이자삔 듯 있으마 안 되까예?

쪼매마 지내고 보마

마 다 웃어넘길 일이라꼬예?

---

* 이쌓는교? : 웃고 있는가요?

** 사진가꾸 : 사진틀.

달의 간을 보다

비우면 길이 난다는 걸
서산 개펄에 와서 보았다

사랑에 이르는 요령도 그럴 것이다
속에서 비움으로써 그대에게 다가가는 요령
그때 그 노승도 그랬을 것이다

깊은 밤 섬이 길을 열어 육지를 다녀가듯
그대가 잠시잠깐 나를 다녀간들 어떠랴
온종일 막막한 그리움으로 자불거리다가
하루 한두 번 온몸으로 서로를 받을 수 있다면

시월의 보름달 좇아
간월섬*이 길을 끊고 바다에 둥둥 뜨듯
그런 철없는 사랑 한번 해 보고 싶네

---

* 간월도(간월암) : 무학대사가 이곳에서 달을 보고 깨달음을 얻었다 하여 이름 붙여진 충남 서산의 바닷가 작은 섬과 암자.

동백 피기를 기다리며

— 전혁림 탄생 백 주년에

그대를 치근대던 잡풀 잡목 정갈히 비켜 놓고
제멋대로 자란 가지도
가지런히 모양을 만듭니다

그리 목이 쉬도록 노래하던
남해바다 향한 창도 닦고
심술궂은 마파람도 토닥여 재웁니다

이제 초연히 파도 소리 타고
그대 만나러 오실 봄
편히 내리시라고
마음 밖에 맑은 기도 하나 겁니다

이윽고 눈부시게 출렁거릴 그대 위해
우리 모두 조금
저물 일만 남겨두고 있습니다

제3부

입동 무렵

그리운 장생포
— 제돌이*의 독백

박수 치며 환호할 일 아니다
콘크리트 수조 같은 세상
죽은 먹이의 유혹에 야성마저 버리고
좌절과 적의로 치솟았다 곤두박질치는 이 짓
어디 나쁜이겠는가

오래전 뭍에서 바다로 갈 때의 기억 더듬어
잠시 회유했다 길 잃었을 뿐
다시마가 선한 물결에 몸 푸는 동해바다
만조의 파도 소리 타고 안식의 밤에 깃들고 싶은 마음
어찌 나쁜이겠는가

---

* 제돌이 : 서울대공원에서 사육되다 4년 만에 바다로 다시 돌아간 남방큰돌고래.

한로寒露 무렵

종달새 뜸부기 왜가리가 다녀가는 동안
마음 졸이며 알을 썰던 우렁이도
소금쟁이 물방개 따라 마실 간 미꾸리도
소식이 궁금하다

내일은 찬이슬 내릴 것 같은데
개천* 박 씨네 내림이야기 마지막 문장처럼
벼 이삭 끄트머리에 앉아 있는
메뚜기 한 마리

너무 쉽게 떠나보낸 사랑 하나 있어
나락 알갱이같이
탱글하거나 뭉클해지는
이제는 풍화되어 갈 시간 재고 있는데

정말 수고했다고
TV 흘림자막처럼 잔등 쓰다듬고 지나가는

구름 한 채인
가을 하늘

---

* 개천 : 학문이 깊고 효행이 지극했던 박 진사의 고가가 있는 경남 고성군 개천면 청광리.

과메기

세상 깊이 숨고 싶은 날에는
땅이 끝나는 곳에서 바다가 시작되는
구룡포로 가라

겨울바람 매서운 삼정 석병 포구에 가서
머리도 속엣것도 다 버리고
몸을 세워 주던 뼈마저 버리고
비릿하게 나를 널어 휘발시켜 보아라

등대가 밝은 눈으로
파도 소리 밑줄 치며 읽는 동안
눈보라 된바람 독하게 치더라도
실별 몇 낱으로 한 점 가슴 포도주 빛깔로 숙성시키며
꼬득꼬득 증언하라
시작은 늘 끄트머리에 붙어 있음을

미륵이할배*

한때는, 명징한 오감으로
세상을 보고 듣고 더듬은 적 있었으리

수억 겁 윤회하는 동안 부처도
지금 사람 모습 아닌 적 있었으리

수억 년 도솔천 머물다
잠시 사바의 모습 빌려 나섰다가
짧은 한 세월
하, 체면치레하려다 얼마나 낭패를 보셨기에

머리 손발 죄다 뭉개 버리고
다시 오시겠다는 징표처럼 차갑게 벗어 놓고 간
저 꼿꼿한 육신이라니

---

* 미륵이할배 : 망우당 곽재우가 처음 의병을 일으킨 곳으로 유명한 경남 의령군 세간마을의 미륵선돌.

민주적民主的 혹은 민주적民主敵인

민주 성지 관문 마산역 광장 비둘기들은 민주적이다
광장 사람들을 학습한 덕분으로
봄 졸음 모으다가 햇살 쪼며 홀로 호작질하다가
난장 채소가게 박 씨의 헛기침 소리에도 예민하게 반응하여
자유는 이렇듯 가볍게 몸을 날리는 거라며
발목 잡고 비상을 거부하는 삶을 비웃으며
부하뇌동 우르르 궐기한다
간혹 밥차라도 늦을라치면 붉은 발로 시멘트 바닥 긁으며
배고플 때만이 진정 나를 느끼는 시간이라 희희낙락하기도 하고
심심하게 늘어선 노인들 위해 복지적으로 놀아주다가
단물 빠진 껌 같은 노숙자 김 씨 곁에
진정한 노동의 가치라며 찍, 똥을 갈기기도 하고
그 어떤 법질서도 자유 위에 있을 수 없다면서

'비둘기에게 먹이를 주지 마세요' 라는 부당한 규제를
빨간 눈으로 노려보며 저항도 하다가
KTX에서 내린 낯선 아가씨가 흘리고 간 팝콘 몇 낱에
어제의 동지가 오늘의 적이 되어 아귀다툼도 하고
중금속 오염된 먹이를 삭혀 내보내며
민주적民主的이거나 민주적民主敵이거나
우리는 민주거리 청소부라 고집하며
리무진 택시 번쩍거리는 자가용도 겁내지 않고
그래도 딴엔 세상살이 녹록치 않다고
희유 희유 한숨 소리 내며
패거리로 몰려다닌다

무척산*

끝없는 질문에 산이 흔들리고
산의 질문에 내가 흔들리게 되는
참 애매모호한 산 하나 있지요

아주 오래전 큰 알에서 나온 왕이
어미를 애타게 그리며 지었다는 모은암도
끝없이 흔들리다 아마
영화 속 모형같이 작아졌겠지요

설마 했던 산꼭대기 널따란 천지연天地淵이
낙동강 굽어보며 열 길 높이를 수식 없이 떨어지는
천지폭포 맞서다 보면
하, 흔들리는 가운데 길이 난다는 걸 알게 되지요

변명을 위해 많은 말 둘러댄 인스턴트 사랑이
연리지 소나무처럼 조용조용 아파오는
과장하지 않으면 부정으로 의심받는 이 역설의 시
대에

진실을 분명하게 얘기하지 않는
참말로 야트막하면서도 쉽지 않은
부사형 산 하나 있지요

---

* 무척산 : 경남 김해시 생림면과 상동면 경계에 있는 703m의 산. 김수로왕과 얽힌 전설이 있으며 정상에 천지라는 호수가 있고 산허리 부근에 많은 암봉이 있음.

지게작대기가 문득

지게로 질 수 없는 짐 넘치지만
느지막이 산그늘 괴 놓고
파인 어깨 쉬게 하던 지게작대기 절절한 세상
탁탁 지게목발 두드려 어르면서
이 시대 힘겹게 지고 가는 일꾼들
메나리 가락 구성지게 추임새 메겨줄
길 더듬이 여전히 기다려지는 세상
뱀이랑 개구리 건들던
뒤란에 잘 익은 살구랑 홍시 털던
반들반들 윤나던 갈래 손
그 죄 없는 해작질 그리운 세상
모내기 끝낸 살진 논둑에 콩 팥을 심듯
메마른 가슴 폭폭 구멍 내어 꿈 한 옴큼씩 심어 줄
지게작대기 필요한 세상
내팽개칠 수 없는
누군가 언젠가 지고 가야만 하는 짐이 있는 한
아직도 흙먼지 털어 본 적 없는

이 시대의 야윈 아비들이 있는 한
절뚝거리는 해 질 녘에
겨드랑이 괴어 줄 지게작대기 필요한 세상
모든 이들 재운 뒤 수심마저 지우고
편히 누운 시대의 지게에 놓여져
은혜로운 눈으로 별 바라는 지게작대기
문득 그리운 세상

예치리

무성했던 소문처럼
떠난 것들의 흔적은 물결처럼 남는가
적막 깊은 예치리

고향이라는 이름 아래
어찌 네 집 내 집 따로 있으리
내를 거스르며 몰려다니는 피라미 떼들
기억 하나씩 물고 물그림자 희롱하네

승래 씨 살던 집 78번지
꼬부라진 골목 훑던 물방개
장독대에서 숨바꼭질하고
흔적만 아랫목처럼 남은 사랑채 초가 앞
문패를 읽고 가는 각시붕어 오누이

동네 어귀 떨감나무에 살다 새 동네로 떠난
까치의 날갯짓같이

하루 한 번 가슴 비워 뿌리 드러내는
산청 대천댐*

땅버들 그늘 내려
고향을 물에 묻고 떠난 이들 풍문을 듣는 사이
아버지 어머니 단잠 드신 선산 아랫담
팔월의 더위 머금은 칡꽃들 있는 대로 피어
술판 벌였네

---

* 대천댐 : 경남 산청군 시천면 소재 양수 발전댐. 주간과 야간 전력수요 차이를 이용해 상부 댐과 하부 댐을 조성하여 수력 발전함. 예치리는 대천댐에 수몰된 마을로 상부에 새로운 마을이 조성되어 있음.

입동 무렵

소신하고 남은 염력인가
정병산 골짜기 돌계단 옆
우곡사* 절집보다 열 배 더 오래 산
은행나무 있어

오백 년 공력으로 벼락을 불러
거품 같은 속 날려 버리고
인연의 싹 몇 낱으로 왕관 하나 짓고 있는
은행나무 있어

그대 향한 나의 일념도
다독여 숨기지 않고
저렇게 확 터트려 비우고 싶어지는
은행나무 하나 있어

기도마저 보내고 남은 손으로
아무것도 쥐지 않은 맑은 손으로

늦가을 냇물 따라 흘러가는 바람
가는 길 지켜 배웅하고 있네

---

* 우곡사 : 창원시 정병산 북편에 있는 절.

동백은 아직 묵언 수행 중

구름 몇 낱
산문山門을 곁눈질하다 지나갔다
참 아득한 침묵

동박새 부리 가리키는 데로 따라가는 구비길
그대를 제대로 품지 못한 어색한 문장 같은
소한 무렵

나 밖에서 내 안을 보듯
심心 자 끝 획에 앉아서 보는 지심도*는
울타리 높게 둘러쳐진 선원禪院

고해의 남해 바다 멀리서 실어온 법어法語들이
채찍 되어 섬 밑동 칠 때마다
파고만큼 몸이 가벼워지는 동백들
초롱초롱 수행의 도를 높여 가고 있었다

한때 바다색 사랑 하나 품고 청청하다
벗어 주고 내주고 적멸의 관棺이 되신
아름드리 후박나무 보살
넓은 품에 곁방 사는 오색딱따구리 부부
고개 끄덕이며
입춘방立春榜처럼 제 문 앞에
보살님 말씀 쪼아 새기고 있었다

방생된 동박새는
동섬**에서 동백숲으로 연신 햇살을 물어 날라 그늘을 짓고
삐죽 나온 잡념 같은
동백꽃 몇 낱
성급히 피었다 그을려 있었다

---

* 지심도 : 모양이 마음 심心 자처럼 생겼으며 동백섬이라고도 불리는 거제의 섬.

** 동섬 : 지심도에 붙어 있는 작은 섬.

도동서원 은행나무*

어둑어둑 땅거미가 무릎을 기어오르면
적막도 큰 말씀 되어 울컥하게 되지
내 몸에 강을 담아 긴 날 흘러왔지만
발치께 내려놓은 은행알처럼
대를 이어 시대를 아프게 앓던 그들도 노랗게 져갔지
사백 년 세월 소학 한 줄만도 못하구나
귀를 대고 들어 보아라
뒷짐 지고 어슬렁거리는 황혼아
내게 포개 놓고 떠난
그 아프고 즐겁던 무수한 삶들
팔 번쩍 들어 증언하고 싶은데
소학동자** 닮으려 했던 기운도 떨어지고
세월의 고초에 닳은 손으로는 이제
지나가는 시간 한 줌도 쥘 수 없구나
돌기둥 받쳐 부추기는 이 가혹한 배려마저 언제까지 가려는지

묵은 짐 내려놓고 바람에도 귀를 닫고
이제는 와불처럼 편히 누워 묵상 들고 싶은데
또 한 계절 뿌리의 힘으로 건너야 하네
다람재 넘어온 길 꼬불꼬불 고이는 막다른 양지
은행 구린내 출렁거리는 늦가을 베고
상관 말고 가자, 가자
악보처럼 살을 짓는 강 물결
뻗은 실뿌리로 더듬고 만지면서

---

* 도동서원 은행나무 : 조선시대 유학자 김굉필의 학문과 덕행을 기리기 위해 대구 달성군 구지면 도동리 낙동강변에 건립된 서원. 그 중건을 기념하기 위해 심었다는 4백 년 된 둘레 9m 정도의 거대한 은행나무.

** 소학동자 : 김굉필의 별호.

시詩의 길

운석韻石* 선생께서 착한 시 울림 있는 시 쓰라고
마침내 그 시의 숲에 깃들라고
나이 육십 목전에 둔 내게
운림韻林이라는 호를 지어 주셨는데
목천에서 돌아오는 길 한 번도 가 본 적 없는
속리산 문장대 호기 있게 올라
큰 뜻 세워 다짐하고 제대로 된 명문장 하나 얻을까 했는데
입춘 지난 등산로 아직 눈이 덜 녹고 빙판 져 있어
기어오르다 미끄러지다
팔부 능선에서 되돌아오고 말았네
선부르구나
단번에 오를 수 없는
가파르고 험하고 아득한 시업詩業
절절히 가르쳐 주신 문장대
성불사 입구 반야해탈교 사자상이 달고 있는
해학스런 남근男根 같은 과욕

끝내 오송 폭포수에 씻고 올 수밖에

* 운석 : 문학평론가 김재홍 선생의 호.

우리는 개다

애완견 카페 가 보았는가
목줄 푼 우리들은 놀이터에서 놀고
보이지 않는 줄 매단 엄마 아빠들은
흔들고 싶은 꼬리 말아 감춘 채
한편 구석방에서 웅크려 지켜보는

사람이 개 취급 받던 시절 지나
개가 인간을 길들이는 시대가 도래했다 흥분하지 마시라
따지고 보면
고등하다는 것들 하등한 것들 심부름하면서
평생 얻어먹고 살다가
다시 하등한 것들 위해 자신을 되돌려주는 것 아니던가

반려견 장의업이나 다이어트 프로그램 나온 지도 오래고

노후 상해보험은 사람들이
반려견 연령 건강 상태 속이는 바람에
정착되기까지 시간이 좀 걸리겠다지만
동물사진관 종합병원이 성업 중이다
이참에 개 카운슬링이나 종교단체 같은 것 만들면
돈 좀 되지 않을까

출연료는 없지만 외모보다 예능감이 캐스팅 기준
똥개는 절대 출연시키지 않는다는
인기리에 방영되는 개TV
우리도 가족이라면서
문화생활 좀 즐기면 안 되겠는가

우리는 우리를 이해하는 사랑만 믿는다
가장 진화한 모습이라는 일부일처의 사랑
우리는 그 늑대의 유전자를 포기하고
인간 충성의 길을 택했다

길들여지면서
인간들이 웃고 우는 특권을 포기하고
개처럼 화내고 즐기기만 하는 가운데 잠시 생겨난
갑을관계 때문에 어쩌다 개같이 살 수 없게 되었지만
우리가 진짜 원하는 것은 묶어 보듬어 주는 것이 아니라
풀어 내버려 두는 것이니

우리로 인해 위상이 쓸쓸해진 사람들아
걱정 마시라

제4부

봄, 저 역설

애기보살

관룡사 대웅전 앞뜰 함박꽃 봉오리
겹눈 빠끔빠끔 뜨고
바람에 떨어지는 처마 밑 풍경 소리
올려다보고 있다

한마디 한마디
머리에 이고
부처님 말씀인 양
딸랑 딸랑
흔들고 있다

소록의 소나무

소록에 사는 휘파람새는
소나무 위에 앉아
삐익 삐익
사슴의 울음으로
아침을 깨웁니다

소록공원 소나무들은
자나 깨나

보리피리 불던 그대들

문드러져 가는 입으로
몇 남지 않은 손가락으로
고향 돌아갈 날 꼽으며
반 오리五里 녹동 바닷길 바라보던 그대들

단종대에 영혼까지 묶여

차가운 수술칼 기다리며
어머니를 목메어 부르던
작두날에 청춘이 잘린 그날의 서러운 그대들

생각하며

백년을 저리
온몸 뒤틀며 울고 있습니다

지방을 쓰다가

정월 초하루 아침
몸 정갈히 하고 먹물 대신
붓펜으로 지방을 쓰네

할아버지 할머니 아버지 어머니 영혼결혼한 동생 내외
갈 때는 따로 가셨어도
집에 올 때는 손잡고 오시라고 이름을 붙여서 쓰네

글을 잘 모르시는 할아버지 할머니와 착한 동생 내외는
한 자 한 자 흘려 쓰다가
아버지 지방 쓸 때는 왠지
한 획 한 획이 조심스럽네

컴퓨터에 길들여진 내 아이에게 그랬듯이
어릴 적 아버지께 필체 때문에 꾸중 들은 탓이네

글을 모르는 혼백들 어찌 알고 오실까 하다가
그래서 축문을 읽는구나
하는 생각 불현듯 드는데

제사상 오래 차려 온 아내는
어른들 오시는 낌새가 느껴지는지 내게 묻네

밥 안칠까요?

봄, 저 역설逆說

아프리카 소수 원주민들이 부모 매장해 놓고
온몸 흔들며 춤추는 모양을 두고
후레자식들이라 했다지

포르투갈 리스본 아녀자들이
뱃일 나갔다 돌아오지 않는 남편 찾으며
하늘 향해 고개 들어 애타게 부르는 파두* 음악을
천박하다 했다지

처음에는

봄물 올라 환장하는 복사꽃 무리
핏빛으로 저를 불살라 확확 흩뿌려서 얻는
저 사랑의 역설

---

* 파두 : 뱃사람들의 슬픈 역사와 애환을 담아 정열적이고 우수 어린 창법으로 부르는 포르투갈의 민중음악.

집

종생이 아재
살아생전
추위 더위 걱정 없는
아파트에서 한번 살아 보는 게
소원이라더니

손 없는 윤달 복 받아 가셔서는
벌초 성묘 걱정 군불 멧돼지 걱정 안 해도 되는
창원공원묘원 새 단장 묘역 한 귀퉁이
두 평짜리 아파트 장기 분양 받아 산다

한 번도 되어 본 적 없는
'학생' 이란 명패 하나 달고

두 대의 바이올린을 위한 연습곡

이른 아침

짹 짹 찌릭 짹 째잭 찌릭
지리릭 찍찍 찌릭 지리릭

시리게
새벽을 애무하는

오목눈이 두 마리

튤립

꽃 중의 꽃
아프고 그리운 상처가 삭아
피워 올리는 꽃

사랑에 도달 못 하고 돌아서서
포기할 시점에 피는 꽃

하렘의 막다른 골목
출구 없는 기다림 끝에 지는 꽃

죄 없는 사랑 원망하다
절망의 꼭짓점에 다시 피는 꽃

낯선 땅 유배 와
짝 없이 홀로 맞이하는
생의 마지막 봄날에 피는 꽃

몸가방

여행은 가방에서 시작해 가방으로 끝난다는
다툼으로 시작하여 다툼으로 끝난다는 말
들었지요

필요한 물건 가방 크기에 맞게 준비하는 일에서부터
요령 있게 잘 싸는 일
잃어버리거나 깨지거나 흠집 생길 수도 있어
가방을 잘 지키고 나르는 일
다녀오기까지 다투고 삐치는 일 어디 한두 가지던가요

하루하루도 분수에 맞는 가방 짊어지고 여행 다녀오는 일이지요
더러는 가방 안에 든 가방
가방에 딸린 작은 가방도
허다하지요

남의 짐 대신 내 가방에 넣어 다니기도 하고
과분하여 가방에 다 넣지 못하는 일도 종종 있지요

밤이 이슥하도록 여행 가방 풀어 정리하며
짐 풀고 싸는 일이 인생 아니냐며
아내와 둘이 입씨름하며
나누어 내일 또 지고 다녀야 하는 묵은 짐
두 몸가방에 꼭꼭 챙겨 넣었지요

보이지 않는 줄

엄마 돌아가시고 난 뒤
많이 울었다

특히
배가 많이 아팠다

잘 아물었다 싶어도
상처는 아픔을 기억하는 법

나의 가장 오래된 아픔과
첫 울음과 첫 자유를 준
탯줄 자리

오십 년 전
엄마와 나를 이었던 처음의 몸줄보다
더 튼튼한
맨 나중의 줄

담쟁이 생존법

저 혼자서는
땅도 겨우 기는 주제에
아무라도 걸리면
달라붙고 타고 올라
나무인 체
벽인 체
울타리인 체

입춘과 우수 사이

창원 북면 신리마을 동구 어귀
세월의 상처 뭉게구름처럼 두르고
늙은 느티나무 부부 말없이 서 있다

산란기 멀었는데
옥녀봉 진달래는 왜 지레 달뜨냐고
오목눈이 몇
폴폴, 우체국장 집 손녀들처럼 조잘대고 다녀도

영문 모르는 어린 치자나무
귀 쫑긋거려도
입춘과 우수 사이 지루하다고 백목련
꽃샘에 칭얼거려도

겨울을 삼백 번이나 건너오신 너른 품으로
괜찮다 괜찮다
세상에 까닭 없이 오는 건 없다

분주한 평화를 다독이며

나들이 준비 마친 할아버지 느티
쯧쯧 쯧쯧
굼뜨다고 혀를 차며 재촉을 해도

정월보름 동네 사람들이 걸어 준
색동 금줄 목걸이 살랑살랑 흔들며
할머니 느티는 느긋하기만 하고

와온바다에 젖다

여수와 순천이 만나는
와온바다

여수와 순천이 갈리는
와온리

여수 사람 순천 사람
매일매일 만났다 헤어졌다

와온바다 하루 두 번
밀려왔다 나갔다

해가 한 번 핥고 가면
달도 한 번 핥고 가고

소설小雪 소설小說

소복소복
복을 부르는 소리

소복소복
근심 걱정 덮는 소리

소복소복
복이 쌓이는 소리

작품 해설

이제 시와의 전면전을 펼쳐나갈 운명의 시점

김 재 홍
(문학평론가 · 백석대 석좌교수)

1. 생의 터닝 포인트

김일태 시인은 지금 생의 터닝 포인트를 지나고 있다. 방송국의 여러 요직을 거치면서 성공리에 직장생활을 마치고 이제 제2의 생을 살아야 하는 중요한 기로에 서 있다. 이것은 그의 시작에서도 새로운 전환점을 맞이한다는 뜻이 되겠다. 1998년 등단하여 첫 시집 『그리운 수개리』를 시작으로 모두 여섯 권의 시집을 펴내는 동안 그는 쉬지 않고 현재까지 창원예술문화단체총연합회 회장 등을 역임하면서 숨 가쁘게 달려왔다. 시라는 것이 삶의 진실한 면면을 그려내는 것임을 부인할 수 없을진대 김 시인의 시 쓰기는 삶의 한 연

장선상에서 마치 수도자의 기도처럼 간절하고 내밀하게 진행되어 왔다 해도 과언이 아닐 것이다. 드러내 놓고 울고 웃을 수 없는 은밀한 생의 아픔과 생과 사를 오가는 육신의 고통, 절망의 고비를 겪으면서도 겉으로는 여일한 척 남을 먼저 배려하는 그의 외로움이 얼마나 깊었을지 시편 곳곳에서 그 흔적들을 발견할 수 있다. 평소에는 자신만의 작은 꽃밭에서 이름 없는 풀꽃들을 가꾸며 조용히 살아가는가 싶더니 어느샌가 통영 국제음악제, 낙동강 유채축제 등 굵직굵직한 일들의 산파 역할을 하며 남도 그의 고향 땅 곳곳에 문화의 꽃을 심어 가고 있는 모습을 보면 이름 없는 거인의 모습이 떠오른다. 그러나 그 모든 것들보다 그에게 박수를 보내고 싶은 것은 등단 이래 17년 동안 시 작업을 한 번도 게을리하지 않았다는 점이다. 이번에 펴내는 그의 여섯 번째 시집 『부처고기』를 보아도 알 수 있다.

시인들에게 시를 쓰는 것은 무엇을 의미하는가? 그것은 자신을 돌아보고 끊임없이 반성하면서 결국 자기완성의 길로 나아가고자 하는 강한 의지의 표출로 볼 수 있다. 세계를 향해 끊임없이 연민하고 애달파하며 지고지순하고자 노력하는 동시에 자신의 내면 응시를 통해 조금의 불의도 용납하지 않겠다는 자기 염결성에서 출발하는 것이 시 쓰기라는 뜻이다. 김 시인의 시 쓰기도 여기에서 크게 벗어나지 않는다. 그는 자신을 둘러싸고 있는 외석 사물에 대한 성찰과 직관의 힘이 뛰어나다. 그의 시편들이 자연과의 친밀한 교감에서 오는 생생한 감동들을 삶의 깨침으로 이끌어 내 올리는 것들이 유독 많은 것을 보아도 알 수 있다. 이것은 그가 자연과의 유대감을 유지하기 위해 얼마나 부단히 노력하고 있는지를 알 수 있는 부분이다. 특히 김 시인의 이번 시집 『부처고기』에서 눈에 띄는 것은 지나온 삶에 대한 성찰과 반성, 그리고 새로운 삶에 대한 각오와 의지가 강하게 표출되고 있다는 점이다. 그것은 그의 삶과도 직접적인 연관이 있을 터인데, 직장에서의 정년퇴직에 즈음하여 그가 펴내는 시집이 그래서 의미가 크다고 할 수 있다.

그런데 시집 두 번째 부분에 '사랑'에 관한 시편들이 집중된 것은 무슨 의미가 있을까?

2. 시의 대 주제, 사랑 통과시키기

대부분 시인들의 통과의례라고 할 수 있는 생의 대 주제 중 하나가 사랑이라는 개념일 것이다. 그렇다면 시인이 이제 와서 새삼스럽게 사랑의 문제를 꺼내든 이유는 무엇일까? 그렇다고 중년을 넘어서 정년을 통과하고 있는 그가 어떤 어여쁜 여인과의 현실적인 연애를 꿈꾸겠다는 것은 분명 아닐 텐데 말이다. 그 실마리는 그가 시인의 말에서도 밝히고 있듯이 그가 지금 생의 전환기를 맞이하고 있다는 점에서 찾을 수 있다. 그동안 숨 가쁘게 살아온 직장인의 삶에서 물러나 새로운 삶의 변환을 모색해야 하는 시점에 눈여겨볼 필요가 있다. 정년을 앞두고 갑자기 사회로부터 버림받은 느낌이 들 수도 있을 것이고, 매사에 무기력해지면서 막연한 불안감에 사로잡힐 수도 있으리라. 이러한 정신적 갈등과 공황 상태를 극복할 수 있는 그 어떤 동력이 필요할 텐데 김 시인은 바로 사랑에서 그 모티브를 찾고자 한다. 다음 인용 시를 살펴보자.

어쩌자고 그대는
내 그리움 바깥에만 머무시는지
그 험한 은하 몇 광년 달려와
내 잠든 침실 창문이나 두드리다 가셨는지

나 떠난 뒤
태을성 어느 외진 소행성에 머문다는 소식만
밤마다 풍문으로 들리더니
어쩌자고 이제야 겨우 찾아와서는
밤새 창밖에서 안을 향해 애를 피우다
햇살의 훼방으로 올 때처럼 희미하게 가셨는지

이불 속 같은 이 적막에다
한 번도 기억나지 않는 만남의 모습으로
짭조름히 돋을새김 해 놓은

발목 세워
그내 나너/가신 표식 위에 입술 포개 보면
시리게 낙화하는
해 질 녘 잔광처럼 세상에서 가장 짧게 피었다 지는

내 사랑꽃

—「성에꽃」 전문

성에꽃이란 영하의 기온에서 사물에 부딪혀 맺힌 수증기가 허옇게 얼어붙은 덩어리를 꽃에 비유하여 이르는 말인데, 많은 시인들에게 시적 모티브로 관심을 끌어 온 것도 사실이다. 그것은 성에꽃이 상징하는 특성 때문에 그러할 것이다. 혹한의 긴 밤이 지나고 난 아침일수록 더 찬란히 꽃 피었다 아침 해가 떠오르면 흔적도 없이 사라지고 마는 그 허무의 속성이 사랑의 한 단면 또는 속성과 닮아 있기 때문이 아니겠는가? 시인은 시 첫머리에 유리창에 피어난 성에꽃을 대치시킴으로써 그의 사랑이 순조롭지 않았음을 표현하고자 했을 것이다. 상대의 마음을 서로 모르는 채 서로의 마음 바깥만을 빙빙 돌다가 떠나고 난 뒤에 비로소 상대의 마음을 알아채고 시인은 그리움에 사무친다는 뜻이다. 상대의 진심을 알았을 때 이미 상대는 떠나고 없는 허무의 공간 안에서 홀로 남아 애태우는 상황이 날카로이 연출되고 있는 것이다. 그렇다고 대상의 마음을 붙잡기 위해 어떤 적극적인 시도나 노력을 한 흔적도 별로 보이지 않는다. 얼핏 보면 아직도 사춘기적 수줍은 사랑의 테마에 갇혀 있는 것처럼 보인다. 시인이 고작 한 일은 “발목 세워/ 그대 다녀가신 표식 위에 입술 포개 보”는 것뿐이다. 인용 시에서 보면 시인은 지금 지극히 소극적이고 수동적인 무기력의 상태에 처해 있는 것처럼 보이기 때문이다. 이러한 소극적인 자세가 사물의 본질

과 깊이에 도달하는 것을 방해하지는 않을까 하는 아쉬움이 남는다. 그러나 다행인 것은 "해 질 녘 잔광처럼 세상에서 가장 짧게 피었다 지는/ 내 사랑꽃"이라는 절창을 이끌어 낸 것은 그의 삶과 자연 생태에 대한 예리한 관찰력과 직관력이 날카롭게 조응하고 있다는 점이다. 그만큼 시를 향한 그의 정진이 치열하게 진행되고 있는 한 증표로 볼 수 있겠다. 그러한 그의 치열한 노력은 자연의 생태와 사물에만 국한된 것이 아니라 주변에 있는 인간관계로까지 확장되고 있어 시사하는 바가 크다. 연인에서 아내, 그리고 어머니로의 사랑이 유기적으로 연결되면서 자연에 대한 예리한 관찰과 직관력을 바탕으로 삶에 대한 깊이 있는 각성과 깨달음을 지향하고 있어 시를 읽는 감동이 크기 때문이다.

꼭지라는 작은 이름 가진 한 여자가 있네
잎으로 열매 가리듯
주민등록 이름 뒤에 저를 슬쩍 숨기고
어린아이 살 솜털 같은 촉수로
까칠하게 세상을 경계하는

며느리 본 나이인데도
아직 가슴에 푸른 생각 담고 있다 우기며
꽉 끼는 청바지 면 티셔츠 입고
공연자전저 지주 다는 한 여자가 있네

열매를 다 익혔으면 꼭지가 헐렁해질 만도 한데

씨앗 오돌오돌 속에 품고
슬쩍슬쩍 주홍빛 꽃물 드는
아직 여자인 한 여자

이 나이에 남편 구박 안 하고
잘 챙겨 주는 여자 어디 있냐며
지아비를 가지인 양 꼭지로 꽉 붙들고 있는
주먹만 한 여자가 있네

—「무화과 같은」 전문

인용 시에서 시인의 관찰력은 특히 빛을 발한다. 무화과 無花果의 한자를 보면 꽃이 없는 나무라는 뜻이다. 그러나 어찌 꽃이 피지 않고 열매를 맺는 나무가 있겠는가? 그러나 꽃이 없다고 말할 정도로 꽃의 존재감이 없다는 깊은 아이러니를 담고 있다는 뜻이 되겠다.

여름이 무르익어 갈 무렵 무화과나무에는 탐스럽고 달콤한 열매가 익어 간다. 성경에서 무화과 열매는 허기지고 피곤에 지친 사람들에게 원기를 회복시키는 과일로, 주로 예수님 말씀으로 비유되곤 했다. 이렇게 볼 때 시인이 아내를 무화과에 빗대어 표현한 것은 시인에게 아내가 그만큼 소중한 존재라는 것을 표현하고자 함일 것이다. 며느리 본 나이인데도 아직 가슴에 푸른 생각 담고 있다고 우기는 아내의 모습이 시인은 결코 밉지가 않다. 사실 아내와는 한 가정을 이루어 아이를 낳고 오랜 세월 미운 정 고운 정, 볼 것 못 볼 것 다 보아 온 사이이기에 그렇게 안타까울 것도 애절할 것도 그리울 것도 없는 사이처럼 보인다. 손만 내밀면 언제든지 달려와 필요를 채워 주는 공기와 같은 존재라는 점에서 그 소중함을 잊어버리기 쉽다. 그러나 막상 아내가 하루만 집을 떠나 있어도 이만저만 불편한 것이 아니라고 아우성치는 것이 실상 이 세상 남편이라는 존재들이다. 시인은 새삼 아내의 소중함을 깨닫고, 꽃이 하도 수수하여 있는지 없는지 눈에 잘 띄지 않지만 때 되면 달콤한 열매를 맺는 무화과에 아내를 빗대어 아내의 소중함을 극대화시키고 있다. 그의 뛰어난 직관력과 세심한 관찰력이 빛나는 부분이라 하겠다. 또한 인간에 대한 깊이 있는 이해가 잔잔한 감동을 불러일으킨다. 부모님이 지어 준 어엿한 이름이 있으면서도 '누구 엄마, 누구의 아내'로 불리며 "잎으로 열매 가리듯/ 주민등록 이름 뒤에 저를 슬쩍 숨기고" 살아가는 아내를 시인은 고맙고 대견하게 인식하기 시작했다. 그래서 약간 까칠하고 꽉 끼는 청바지에 면 티셔츠를 입고 공영자전거를 타며 잔소리와 구박을 해도 애교스럽게 보아 넘길 수 있는 것이다. 뜨겁게 불타오르는 정념의 사랑은 아니라 할지라도 은근하면서도 보기 싫은 모습도 슬쩍 눈감아 주며 굳이 믿는다 말하지 않아도 저절로 믿어지는 이것이 바로 남편과 아내의 사랑이 아니겠는가? 김일태 시인이 새로운 삶에 대한 의욕을 불태울 수 있는 것도 그러한 배우자의 사랑이 있기에 가능한 것이리라. 이렇듯 아내의 사랑에 대한 각성과 새로운 자각은 곧 김 시인 자신의 존재증명과 정체성의 자각을 의미한다고 볼 수 있다. 다시 말해 이것은 곧 김 시인이 앞으로 어떤 삶을 살게 될지와 밀접한 연관성이 있다고 보아도 무방할 것이다. 그의 시 「키위새의 꿈」을 읽어 보면 더 확실히 알 수 있을 것이다.

3. 자아성찰과 새로운 나를 찾아서

이제 시인의 시는 밖을 향한 관심과 사랑 탐구에서 차츰 나에 대한 관심과 성찰, 즉 자기탐구로 전환하고 있어 관심을 끈다.

발 묶고 있는 이 그림자 떼고
무욕의 공간을 나는
따뜻한 꿈 꾸고 싶네

막막할 지라도
날지 않으면 길을 잃는 법
마지막 한 음절 마무리 짓지 못하고
펜촉 끝에서 떨고 있는 서정처럼
눈빛 벼리고 싶네

수리의 심장으로
자잘한 마음까지 읽으며 유유자적하다가
입속처럼 붉은 사랑
뜨겁게 낚아채 보고 싶네

어쩔 수 없이 절망 하나 안게 될지라도
하루를 끝낸 뒤
떠난 사랑 어르듯 부리를 가슴에 묻고
긴 밤 외로이 건너고 싶네
헛것에 매달려 함부로 흘리는 눈물 없이

—「키위새의 꿈」 전문

인용 시에서 시인의 관심은 자아의 깊이, 즉 내면세계로 향하고 있다. 「성에꽃」에서 이루지 못한 사랑을 「무화과 같은」 아내에게서 치유받고 자신의 존재에 대한 정체성을 회복한 후에 시인이 제일 먼저 자각한 사실은 자신이 사랑의 허상, 즉 인생 그림자에 묶여 있다는 것이다. 시적 정황으로 보아 허상의 그림자란 우선 그가 그동안 몸담아 온 직장일 수도 있고, 그가 가치를 두었던 신념이나 세계관, 인간관계, 그리고 의무나 도덕, 사회적 관습 등일 수도 있다.

그러나 시인은 그것들에서 과감히 벗어나 자유롭고 싶어 한다. "발 묶고 있는 이 그림자 떼고/ 무욕의 공간을 나는/ 따뜻한 꿈 꾸고 싶"다는 구절은 시인의 이러한 자유에 대한 소망을 잘 나타내 준다. 아무것에도 얽매이지 않고 더 이상의 것들에 욕심 부리지 않고 따뜻한 인간미를 가진 사람으로 살고 싶다는 소망인 것이다. 여기서 우리는 김 시인의 생철학의 현주소를 엿볼 수 있다. 이것은 또한 김일태 시인이 앞으로 살기를 바라는 새로운 삶의 한 방향성을 제시해 준다고도 볼 수 있다. 비록 앞으로 어떻게 살아가야 할지 아직은 구체적으로 길이 잘 보이지 않고 막막해 보일지라도 “날지 않으면 길을 잃는 법”이라며 스스로 결의를 다지며 눈빛 벼리고 채찍질하며 스스로를 일으켜 세우고자 하는 것이다. 김일태 시인의 시가 희망적인 것은 바로 이러한 강한 정신적 결개와 집념이 살아 있기 때문이다. 그러면서 날카롭고 예리한 수리의 심장처럼 섬세하고 예리한 시인의 삶을 살기를 또한 소망한다. 독수리가 먹잇감을 찾기 위해 높이 날아 올라 오래 참고 기다리는 것처럼 시인도 생생하게 살아 있는 붉은 시 한 편을 뜨겁게 낚아채기 위해 수리의 심장을 갖기를 원한다. 이렇게 볼 때 그는 참 욕심 많은 사람처럼 보인다. 그러나 이것이 그리 불편하게 보이지 않는 것은 시인이 잘 먹고 잘사는 일, 또 많은 물질을 얻기 위한 세속적인 일에 욕심을 부리는 것이 아니라 오직 시 한 편에 욕심을 내고 있기 때문이다. 그러한 과정에서 절망하고 좌절하게 될지라도 헛것에 매달려 함부로 눈물 흘리지 않고 비록 그 길이 외롭고 고통스러운 길일지라도 꿋꿋하게 걸어 이겨 나가리라는 초인의 자세인 것이다.

4. 또 다른 큰 사랑, 어머니를 위하여

이처럼 시인을 든든하게 떠받치고 있는 초인을 지향하는 힘은 어디에서 오는 것일까? 시집 제목이기도 한 「부처고기 같은」을 읽어 보자.

어미 하나 있었네
맛없이 살다 간

제 속에 여섯 새끼 꽁꽁 품어
혼자 살아갈 만치 키워 세상 내보내고는
훠훠 제 세상 한번 헤엄쳐 둘러보지도 못 하고

홀쭉해진 한 생 막바지 뜬눈으로 돌보던
새끼 하나 먼저 보내고
못 진 가슴 기진맥진하다가
괭이갈매기 새끼 먹이로 물려 간 망상어같이
저승으로 선뜻 채여 간
어미 하나 있었네

자식새끼 얼러 키운다고
망치 맹치 같은 별호로 불려도
붕어 같은 작은 입 앙다물고
하나도 부끄럽지 않았던

떠난 뒤에야 자식들 가슴에
별로 살아난
어미 하나 있었네

—「부처고기 같은」 전문

부처고기는 한꺼번에 10여 마리의 새끼를 낳아 기르는 태생어류로서, 새끼를 낳고 홀쭉해진 배를 가지고 기진맥진해 바다 위를 떠다니다 어미 괭이갈매기에게 잡혀 먹이가 되는 물고기다. 우리 인간 종족, 어미들의 모습을 그대로 닮아 있어서 한 고통스러운 모습으로 다가온다. 자식을 위해서라면 자신의 살점이라도 떼어 주는 일조차 마다하지 않는 것이 어머니라는 무서운 존재가 아니던가. 자식을 향한 어미의 헌신과 희생을 오죽하면 신의 그것에다 견주겠는가?

김 시인은 새끼를 낳고 괭이갈매기의 먹이가 되는 부처고기를 통해 자신의 어머니를 떠올리고 있다. "제 속에 여섯 새끼 꽁꽁 품어/ 혼자 살아갈 만치 키워 세상 내보내고는/ 휘휘 제 세상 한번 헤엄쳐 둘러보지도 못 하고// (…중략)…// 저승으로 선뜻 채여 간/ 어미 하나 있었네"라고 절규하며 어머니를 그리워하고 있는 것이다. 여섯 자녀를 품고 키워 살아갈 만큼 성장시켜 제 각각 가정을 꾸려 주고 나니 어머니는 벌써 저승길로 떠나 버렸다고 탄식한다. 이제 좀 효도해 보려고 돌아보니 곁에 없는 것이 우리네 부모님 그 아니던가. 부처고기를 통한 시인의 그런 깨침은 너무 늦은 듯싶지만 시인의 시 속에서 어머니는 애통하게 되살아나고 있으니 꼭 그렇지만도 않아 보인다.

김 시인이 여섯 권의 시집을 내는 동안 어머니 모티브는 시의 중심축을 이루어 왔다. 김일태 시인의 시의 토양이 바로 어머니 대지인 것이다. 그렇기 때문에 어머니를 빼고 논한다면 그것은 알맹이가 빠진 불완전한 평설이라 할 정도로 김 시인의 시에 미친 어머니의 충격(mother impact)과 영향은 지대하다고 보겠다. 김 시인 자신도 「영정사진」이라는 시에서 "가신 지 십 년 지난 우리 엄마/ (…중략…)/ 참말로 뱅원에서 그리 고상하다 가싯는데 인자/ 엄마, 맴 펀케 해드리고 집은데/ 사진가꾸에서 떼 내삐리지도 몬하고 우짜지예?" 라고 어머니에게서 벗어나고 싶어 하지만 돌아가신 지 10년이 지난 아직까지도 어머니의 그늘을 벗어나지 못하고 있는 시적 자아의 상황을 고스란히 느낄 수 있다. 시인은 "좋은 일 끝에도 울고집을 때도/ 속이 디비질 거 거튼 때도" 사진 속의 어머니를 쳐다보며 위로받고 다시 절망의 힘을 얻는다고 한다. 그가 어머니에게서 얼마나 많은 시적 영감을 얻었는지 그의 시 「어머니 보리菩提」를 보면 확실히 알 수 있다.

열 살 땐가 어머니와 둘이서 보리밭 매다가
밭둑가 소나무 그늘에서 점심 먹는데
무심결에 발을 타고 오르는 개미 한 마리
손으로 툭 털어 발로 밟았다

어머니는 낭패한 표정으로 손사래 치시며
큰아야 그라지 마라
그라마 개미들이 더 달라든다 잘 봐라
하시며 개미 한 마리를 집어 오므린 손바닥 가운데 놓고
탁탁 두어 번 손뼉으로 혼내 놓고는

땅에 조심스레 놓아주셨다

그라마 야가 저그 친구들한테 가서
그게 가마 큰일난다꼬 가지 마라 안 카겠나
마 죽이삐리마 다른 아들이 우애 알겠노
하셨다

손뼉 소리에 놀라 겁먹은 개미보다
내 마음이 더 먹먹하였다

—「어머니 보리菩提」 전문

위의 인용 시는 어린 시절 어머니와의 기억이 곧바로 한 편의 시가 된 좋은 본보기에 해당한다. 이것은 또한 김일태 시인의 시가 줄곧 지향해 온 생명사상의 시발점이자 중심사상이 되었다고 보아도 무방할 것이다. 이와 같은 시적 상황은 우리가 주변에서 마주칠 수 있는 흔한 현실이 된다. 한 가지 현실을 앞에 놓고도 반응하는 방법은 다양하다. 시인과 어머니의 경우도 그렇다.

보리밭을 매다가 시인과 어머니는 한 마리의 개미를 발견하게 된다. 여기서 두 사람이 사물을 대하는 태도는 확연히 다르다. 화자로서 시인은 개미를 툭 털어 발로 밟아 버렸고, 시인의 어머니는 개미를 집어 손바닥 위에 올려놓고 손뼉을 쳐 혼을 내고는 땅에 놓아 주었다. 열 살의 사내아이가 한 행동과 촌부인 어머니가 한 행동의 차이가 우리에게 시사하는 바는 무엇일까? 그것은 바로 생명존중사상이란 거창한 이론과 이념을 말하려는 것이 아니라 작은 실천에 있다는 것을 시인의 어머니를 통해 우리에게 일러 주고 있는 것이다. 몸소 실천을 통한 이러한 어머니의 가르침이 있었기에 오늘의 김일태 시인이 존재한다고 하면 지나친 말이 될 것인가? 어쩌면 김 시인이 시를 쓰는 것은 순전히 어머니가 직접 쓰지 못한 시를 대서 또는 대필하고 있는 것일지도 모른다는 생각이 든다. 그만큼 시인의 시가 깊은 울림으로 다가온다는 뜻일 것이다. 이것은 김일태 시인의 시가 건강한 삶의 경험에 뿌리를 두고 있기 때문에 가능할 것이다. 그것은 자연히 삶의 깨달음으로 연결되고 있어 이목을 집중시킨다.

5. 참나 또는 깨달음을 향하여

녹슨 나사같이 해묵은 갈등
섣불리 억지로 풀려 들면 나사처럼
대가리만 부러져
영원히 풀 길 없어지고 말지

사람이나 나사나 주위를 조심조심 두드려
덮혀 있는 오해의 녹 털어 내는 일이 먼저지
잘 못 채워진 본질 드러나면
그다음 기름칠이지

기름은 깊이 스며들도록 듬뿍 먹여야 하지

나사는 정확히 조일 때의 역방향으로, 이때
힘 조절이 필요하지

푼다는 것은
바꾸어 다시 단단히 엮는다는 역설
모든 탈의 복구가 역순이듯이

이긴다는 것은
작은 물러남으로부터 비롯된다는 것을 알 때
녹슨 관계
비로소 풀리지

—「녹슨 관계 푸는 법」 전문

인간관계 속에서 생겨나는 의견 대립과 갈등을 풀어가는 인생의 원리를 녹슨 나사를 통해 명징하게 보여 주는 이 시는 그의 빼어난 통찰력의 힘을 여실히 보여 준 수작에 해당한다. 사람살이가 그렇지 않던가? 아무리 좋은 일도 억지로 하려고 하면 되는 일도 안 된다는 말이 있다. 일에도 길이 있으며, 그 길을 거스르지 않는 것을 우리는 순리라고 한다. 순리를 거스르려 할 때는 반드시 부작용이 생기는 것을 우리는 경험적으로 안다. 시인은 사람 사이의 갈등을 "섣불리 억지로 풀려 들면 나사처럼/ 대가리만 부러져/ 영원히 풀 길 없어지고 말지"라고 경계하고 있다. 여기에서 그치지 않고 "푼다는 것은/ 바꾸어 다시 단단히 엮는다는 역설"이라는 반전을 설정함으로써 이 시가 미적 긴장감과 생명력을 획득

해 냈다고 볼 수 있다. 그것은 곧 시적 감동으로 이어질 수 있을 뿐만 아니라 김일태 시인이 삶을 통해 체득한 이 생의 아포리즘이 곧 독자들을 시로 이끌어 들이는 원동력으로도 작용할 수 있다는 의미도 될 것이다. 거기에 머무르지 않고 시인은 "이긴다는 것은/ 작은 물러남으로부터 비롯된다"는 화룡정점을 찍어 내고 있다. 이 점에서 이 시는 김일태 시인의 사색의 깊이와 시적 주제를 끌고 나가는 추동력의 힘이 보여 주는 하나의 과작이라 할 수 있다. 진정한 승자는 남을 먼저 배려하며 스스로를 낮게 여긴다는 옛 성인들의 잠언과도 같은 이 시가 어설픈 교훈 투의 정답을 내세우는 서툰 관념시에 머무르지 않고 시적 긴장감과 설득력을 얻은 것은 삶의 진실과의 부딪힘에서 오는 건강한 사유와 깊이 있는 사색이 이루어지고 있기 때문이리라.

백지를 앞에 놓고
지나온 나를 요약해 보려는데
온통 썼다 지운 날들뿐

다시 지우더라도 몇 말 남기고 싶은데
써 놓고는 또다시 민달팽이 같은 혀로
핥아 지워야 할 것 같아

안주 없는 소주 판 같은
내가 나로 인해
쓸쓸해지는 늦은 봄날

정년퇴직 앞두고
나이 예순 앞두고
백지, 쓸쓸하다

—「백지白紙, 백지」 전문

이 시는 경상도 사투리인 백지와 아무것도 써져 있지 않은 빈 종이를 가리키는 백지白紙가 발음상으로 같다는 점에 착안하여 정년을 맞이하는 자신의 아쉽고 괜히 쓸쓸 허망해지는 심사를 날카롭고 섬세하게 잘 표현한 시로써 그의 사유가 빛나는 인상적인 정점의 한 시라 할 수 있다. 정년퇴직을 앞두고 있고, 나이 이순을 목전에 두고 있는 시인은 자신의 처지를 지금 "안주 없는 소주 판 같"다고 표현하고 있다.

그러나 필자는 동의할 수 없다. 정년퇴임을 맞이하는 지금이야말로 시와의 전면전을 펼쳐 나아감으로써 생과의 전면전을 이겨 내야 할 중차대한 시점이기 때문이다. 또한 무엇보다 전심전력하여 그가 매진해야 할 시 쓰는 일이 그대로 남아 있지 않는가? 이제 "발 묶고 있는 이 그림자 떼고/ 무욕의 공간을 나는/ 따뜻한 꿈 꾸"는 시인이 되길 기대하면서 더욱 큰 시인으로 대성해 가길 바란다.

시인 김일태金一泰

1957년 경남 창녕 출생. 『시와시학』(1998년), 『시세계』(1991년) 신인상 등단. 『코뿔소가 사는 집』 『바코드 속 종이달』 『어머니의 땅』 『호박을 키우며』 『그리운 수개리』 등 5권의 시집을 펴냈으며, 창작 가무악극 〈백월이 중천하여〉, 〈칸타타－고향의 봄〉, 창작 무용극 〈복숭아꽃 살구꽃〉, 〈거북땅 태양의 제국, 가야〉 등의 대본을 집필하고 창작국악 창무극 〈수로여 대가락이여〉, 국악공연 〈풍류 & 공명〉 등 여러 작품을 연출하였다.
방송인으로서 '작곡가 윤이상', '작가 박경리', '작가 김아타', '조각가 김종영', '최윤덕 장상', '큰 줄꾼 조성국' 등을 집중 조명하는 다큐멘터리를 기획 또는 제작하였으며, '통영국제음악제', '윤이상국제음악콩쿠르', '창녕 낙동강유채축제', '고향의봄창작동요제', '창원세계아동문학축전', '창원환경영화제' 등의 산파 역할을 하였다.
문화예술계 활동을 하며 창원예총회장, 전국지역예총협의회 부회장, 경남문협 부회장, 창원문협회장, 고향의봄축제협의회 회장, 이원수탄생100주년기념사업 추진위원장, 창원아시아미술제 대회장 등을 지냈다.
현재 (사)고향의봄기념사업회 회장, 이원수문학관 관장, 창원세계아동문학축전 조직위원장, (사)한중경제문화우호협회 사업기획단장, 김종영탄생100주년 기념사업추진위원회 공동위원장, (사)영남전통예술진흥회 부이사장, (재)통영국제음악재단 이사, 계간 『시와시학』 편집위원 등을 맡고 있다.
직장인 MBC경남에서는 PD, 기획부장, 방송사업국장, 전략기획실장, 특임국장 등을 지냈다.
이러한 활동으로 시와시학 젊은시인상 · 김달진창원문학상 · 경상남도 문화상 · 창원시 문화상 · 시민불교문화상 · 보건복지부장관 표창 · 건설교통부장관 표창 · 경상남도 안전문화상 등을 수상하였다.

E-mail : kimit210@hanmail.net

부처고기

지은이 | 김일태

펴낸이 | 김재은

펴낸곳 | 도서출판 시학사

1판1쇄 | 2015년 9월 20일

출판등록 | 2015년 5월 14일

등록번호 | 제300-2015-83호

주소 | 서울 종로구 혜화로3가길 4(명륜1가)

전화 | 744-0110

FAX | 3672-2674

값 10,000원

ISBN 978-89-94889-94-8 03810